100일 동안 새로운
성공의 길로 이끌어주는 **정주영
리더십 노트**

100일 동안 새로운 성공의 길로 이끌어주는
정주영 리더십 노트

초판 1쇄 인쇄 | 2011년 3월 15일
초판 1쇄 발행 | 2011년 3월 20일

펴낸이 | 조종현
펴낸곳 | 북오션

종   이 | 페이퍼릿
출   력 | 푸른서울
인   쇄 | 광문인쇄
출판신고번호 | 제313-2007-000197호

주   소 | 서울시 마포구 서교동 468-2번지
이메일 | bookrose@naver.com
전   화 | (02)322-6709
팩   스 | (02)3143-3964

ISBN 978-89-93662-32-0 (13320)

* 책값은 뒤표지에 있습니다.
* 잘못 만들어진 책은 구입하신 서점에서 교환해 드립니다.

100일 동안 새로운 **정주영**
성공의 길로 이끌어주는

리더십 노트

Success
Leadership
Books
100

북오션

노트를 시작하기 전에

1 이 노트는 당신을 스스로 돌아보기 위한 것임을 명심하고 정성껏 쓰세요.

2 되도록 아침에 일어나서 본격적인 일과를 시작하기 전에 작성하세요.

3 모든 질문에는 아주 구체적으로 자세하게 써야 합니다. 머릿속으로 생각하는 것과 그것을 실제로 표현하는 것에는 아주 많은 차이가 생깁니다.

4 노트 작성 후에는 노트에 쓰인 질문과 명언을 떠올리면서 활기찬 하루를 시작하세요.

5 100일 뒤에 변화된 자신을 느껴보세요.

창조정신
Creative Spirit

• • •

우리 민족은 남다른 역동성과 뛰어난 창조성으로 세계의 주목을 받는 중진공업국가로 우뚝 섰다. 아무것도 가진 것 없이 이만큼 성장할 수 있었던 원동력은 남다른 교육열로 무장된 인적자원과 함께 놀라운 창의력에 있다.

D-100

창조정신

창조정신 도전정신 진보정신 성공정신 기업가정신

필기도구 이외의 볼펜의 용도 세 가지를 써보세요.

1
2
3

만약 천사가 있다면 어떻게 생겼을지 생각해서 그려보세요. 그림솜씨는 중요한 것이 아닙니다.

고정관념을 가장 먼저 버려라

천사가 어디서 많이 본 모습인가요? 왜 천사를 그렇게 그렸을까 써보세요.

> 나는 확고한 신념과 불굴의 노력으로 살아가는 사람이지 특별한 사람은 아니다.

D-99

창조정신

창조정신 도전정신 진보정신 성공정신 기업가정신

아빠와 아들이 함께 등산을 하다가 아들이 부상을 입어 병원에 갔습니다. 의사가 부상당한 아들을 보자마자 "우리 아들!"이라고 외쳤다면, 아빠와 의사는 어떤 관계일까요? 또 주변에서 볼 수 있는 역전된 성(性)의 역할에 대해 써보세요.

당신 앞에 생달걀이 놓여 있습니다. 이 달걀을 세우는 방법 두 가지만 생각해 보세요(너무나 유명한 이야기인 깨뜨려서 세우는 것은 제외).

1.

2.

고정관념을 가장 먼저 버려라

모순되어 보이는 두 단어를 붙여서 문장을 다섯 개 만들어 보세요(예: 이대 다니는 할아버지).

1.
2.
3.
4.
5.

> 나는 무슨 일을 시작하든 '된다는 확신 90퍼센트'와 '반드시 되게 할 수 있다는 자신감 10퍼센트' 외에 안 될 수도 있다는 불안은 단 1퍼센트도 갖지 않는다.

D-98

창조정신

창조정신 도전정신 진보정신 성공정신 기업가정신

오늘 해야 할 일 중 하나를 왼손잡이라면 오른손으로, 오른손잡이라면 왼손으로 써보세요.

당신의 공간(집, 사무실 등) 중 가장 쓸모없어 보이는 곳을 하나 선정하시고, 그곳을 이용할 방법을 생각하세요.

역발상으로 앞서가라

자신의 단점을 3가지 나열하세요. 그리고 꼭 그것이 단점일까를 고민해보세요.

1.

2.

3.

" 내가 살아 있고 건강한 한, 나에게 시련은 있을지언정 실패는 없다. "

D-97

창조정신

창조정신 도전정신 진보정신 성공정신 기업가정신

집에 낡고 못 쓰는 가구가 있나요? 버리기 전에 어떻게 리폼할 수 있을까요?

역발상으로 성공한 기업이나 인물, 일이 떠오르나요? 한 가지만 적어보세요
(ex: 자기 전에 먹는 껌, 자일리톨).

역발상으로 앞서가라

물구나무서기란 무엇일까요. 자신만의 새로운 정의를 내려 보세요.

" 나는 평생을 새로운 일에 도취되어 살아 왔다. "

D-96

• 창조정신

창조정신 도전정신 진보정신 성공정신 기업가정신

잘 붙지 않는 스티커로는 포스트잇을 만들었습니다. 그러면 무딘 칼로는 무엇을 만들 수 있을까요?

당신은 표류하다가 외딴 섬에 도착했습니다. 그곳은 무인도일까요, 유인도일까요? 그 이유도 같이 쓰세요.

발상의 전환으로 도전하라

지금 가장 불편한 점이 있다면, 그것을 개선하기 위해 어떤 노력을 하고 있습니까?

"나는 이날까지 어느 공장이고 땅을 마련하는 데서부터 시작해 말뚝을 박고 길을 닦아서 그 위에 내 손으로 내가 지어서 시작하지 않은 공장이 없다."

D-95

창조정신

창조정신 도전정신 진보정신 성공정신 기업가정신

자장면과 짬뽕을 한 그릇에 담아 파는 곳이 많아졌습니다. 또 어떤 음식을 이런 방식으로 팔면 좋은 아이디어일까요?

단 10분만 오늘 하루 뒤로 걸어보세요.

발상의 전환으로 도전하라

내가 경험했던 가장 대단한 발상의 전환 사례는 무엇이 있었나요?

> 나라는 사람은 평생 자리가 높고 낮은 것에 대해서 생각하며 세상을 산 적이 없다.
> 내가 할 수 있을 때 그 일을 맡지 내가 맡는 것이 다른 사람이 맡는 것보다 좋지 않을 때는 그런 일을 맡아 본 적이 없다.

D-94

창조정신

창조정신 도전정신 진보정신 성공정신 기업가정신

이것만은 내가 세상에서 제일 잘할 수 있어, 라고 생각하는 분야는 무엇입니까?

오늘 하루 '안 돼'라는 말을 사용하지 않을 것을 각오하시고, 정말 안 되는 상황에서 뭐라고 말을 할지 미리 생각하시고 적으세요.

긍정적으로 생각하라

인생을 다시 시작할 수 있는 나이는 몇 살이라고 생각하시나요? 이유도 쓰세요.

> 나는 불가능한 일이란 그리 많지 않다고 생각한다.

D-93

• 창조정신

창조정신 도전정신 진보정신 성공정신 기업가정신

왜 긍정적으로 생각하라는 이야기들을 할까요? 어떤 이유 때문이라고 생각하나요?

위 문제에 답했다면, 긍정적인 생각의 효과를 아는 당신은 늘 긍정적으로 생각하는 사람인가요?

긍정적으로 생각하라

지금 가장 생각나는 사람에게 당신이 해줄 수 있는, 그 사람에게 가장 긍정적인 말 한마디를 문자로 보내보세요.

> 나는
> 항상 일을 하고
> 항상 일하는 생각을
> 한다.

수신 :

발신 :

D-92

• 창조정신

창조정신 도전정신 진보정신 성공정신 기업가정신

해보니 되었던 경험이 있다면, 그때를 떠올려서 간단히 적어보세요.

오 년 전, 혹은 십 년 전에는 할 수 있었던 일이 지금 안 되는 일이 있나요?(구체적으로)

하면 된다는 생각을 가져라

반대로 오 년 전, 혹은 십 년 전에 할 수 없었던 일을 지금 할 수 있는 것이 있나요?(구체적으로)

" 목표에 대한 신념이 투철하고 이에 상응한 노력만 쏟아 부으면 누구라도 무슨 일이든 할 수 있다. "

D-91

창조정신

창조정신 도전정신 진보정신 성공정신 기업가정신

어제 해야 할 일인데 안 한 것이 있나요? 혹은 오늘 해야 할 일이 있나요? 구체적으로 써보세요.

그 일을 이루려면 '어떻게 하면 된다'고 생각하나요?

하면 된다는 생각을 가져라

그 일을 이루려면 '무엇을 하면 된다'고 생각하나요?

" 내가 믿는 것은 하고자 하는 의지가 가져 오는 무한한 가능성과 우리 민족이 가진 무한한 저력뿐이다. "

D-90

창조정신

창조정신 도전정신 진보정신 성공정신 기업가정신

내 연락처 목록 중 가장 특이한 사람이라고 생각하는 사람을 써보세요.

내가 가진 경험이 내 자산이라는 생각이 든 적이 있다면 언제입니까?

다양한 경험을 쌓아라

앞으로 꿈꾸는 것을 실현하기 위해 가장 필요한 경험이 있다면 어떤 것입니까?

" 장애란 뛰어 넘으라고
있는 것이지
걸려 엎어지라고
있는 것이 아니다. "

D-89

창조정신

창조정신 도전정신 진보정신 성공정신 기업가정신

지금까지 자신이 경험한 일 중에 가장 충격적이었던 사건은 무엇이었나요?
3가지만 적어보세요.

1.

2.

3.

죽기 전에 해야 할 일 리스트를 만드세요.

1.
2.
3.

다양한 경험을 쌓아라

당신은 왜 경험을 하고(혹은 하기 싫어) 싶어 하나요?

"길이 없으면 길을 찾고,
찾아도 없으면
길을 닦아가면서
나가면 된다."

D-88

창조정신

창조정신 도전정신 진보정신 성공정신 기업가정신

당신의 몰입을 방해하는 요소를 최대한 많이 열거하세요.

위에서 쓴 요소 중, 없앨 수 있는 요소를 최대한 많이 열거하세요.

몰입하는 힘을 길러라

없앨 수 없는 요소만 남았다면, 그 요소를 피할 수 있는 방법을 생각해서 써보세요.

> 과거의 실적이 아무리 대단하고 축적한 기술이 아무리 많고 제반 여건이 좋다 해도, 현재의 우리한테 불굴의 개척 정신, 창의적 노력, 진취적 기상이 없다면 오늘의 영광이 옛일이 되는 건 한순간이다.

D-87

창조정신

창조정신 도전정신 진보정신 성공정신 기업가정신

최고 오랫동안 의자에 앉아 있었던 기록은 언제였고, 왜 그랬나요?

당신은 어떤 일을 할 때 가장 몰입을 잘하나요?

몰입하는 힘을 길러라

앞의 대답에서, 그렇다면 당신은 왜 그 일을 할 때 몰입도가 높다고 생각하나요?

> 중일전쟁으로 쌀가게의 문을 닫고 충격은 컸지만 그러나 나는 잃은 것보다 더 귀중한 것을 얻었다. 그것은 전심 전력을 기울여 성실히 뛰면 어떤 일을 해도 반드시 성공한다는, 체험으로 얻은 확신이다.

D-86

창조정신

창조정신　도전정신　진보정신　성공정신　기업가정신

이런 일이라면 강한 의지를 가지고 진행할 수 있다고 생각하는 일이 있나요? 구체적으로 써보세요.

___

지금 하고 있는 일(업무, 가사, 공부 등)을 꼭 해야 할 일, 그만두어도 될 일 등으로 구분해보세요.

___

할 수 있다는 강한 의지를 가져라

앞 문제에서 꼭 해야 할 일은 왜 꼭 해야 하는지요?

"사람들은 곤경에 처하면 어찌할 방법이 없다, 길이 아무 데도 없다는 체념의 말을 곧잘 한다. 그렇지 않다. 찾지 않으니까 길이 없는 것이고 노력을 안 하니까 방법이 없어 보이는 것이다."

D-85

창조정신

창조정신 도전정신 진보정신 성공정신 기업가정신

하고는 싶은데 하지 못한 일이 있나요? 구체적으로 써보세요.

그 일을 당신은 왜 할 수 없다고 생각하나요?

할 수 있다는 강한 의지를 가져라

그 일을 이룬 사람은 분명히 있습니다. 그렇다면 그 사람은 어떻게 이룬 걸까요?

> 모든 일에 항상 열심히 노력하는 이는 '좋은 때'를 결코 놓치지 않아 도약의 뜀틀로 쓰고, '나쁜 때'도 때가 나쁘다고 기죽는 대신 눈에 불을 켜고 최선을 다해 수습하고 비켜가고 뛰어넘어 다음 단계의 도약을 준비한다.

D-84

창조정신

창조정신 도전정신 진보정신 성공정신 기업가정신

지금 당신이 가진 기술과 앞으로 생겼으면 하는 기술을 적어보세요.

현재 당신이 가지고 있는 기술은 계속 발전할 수 있는 기술입니까? 발전할 수 있다면 어떤 방법으로 발전할 수 있는지요?

기술로 가능성과 맞서라

앞으로 생겼으면 하는 기술은 습득할 수 있는 기술입니까? 습득할 수 있다면 어떤 방법으로 가능합니까?

" 자원에 의존한 경제 발전은 자원이 고갈되면 발전도 멈추고 말지만, 자신의 노력을 통해서 성취하는 발전은 나태해지지 않는 이상 영원히 지속될 수 있다. "

D-83

창조정신

창조정신 도전정신 진보정신 성공정신 기업가정신

'스펙'은 일종의 기술이라고 할 수 있습니다. 당신은 어떤 스펙을 쌓고 있나요?

그 스펙을 쌓는 이유는 무엇인가요? (어떤 가능성에 도전하고 싶기 때문인가요?)

기술로 가능성과 맞서라

기술이 없어서 놓쳤던 일은 무엇인가요?

> 내가 성장하는 것은 오로지 나 자신의 노력에 의하지 않고는 안 된다.

D-82

· 창조정신

창조정신 도전정신 진보정신 성공정신 기업가정신

D-82일까지의 질문 중에 가장 가슴에 남는 질문을 다시 한 번 쓰세요.

그동안 창조에 대한 성과가 있었다면 무엇인지 쓰세요.

창조정신을 정리하라

앞으로 80일 동안 노트를 잘 쓰겠다는 각오를 쓰세요.

❝ 가난한 사람이 부자가 되려는 것은 부자가 더 부자가 되려는 것보다 훨씬 더 크게 불리한 여건에서의 승부이다. 부자보다 열 배 스무 배 더 많은 노력을 쏟아 부어 불리한 여건을 극복해 내지 못하면 부자가 될 수 없다. ❞

D-81

창조정신

창조정신 도전정신 진보정신 성공정신 기업가정신

정주영이 현대건설 주식회사라는 이름으로 새 출발을 하고 얼마 되지 않았을 때의 일이다. 한국전쟁으로 인해 어쩔 수 없이 부산으로 피난을 간 정주영에게 갑자기 유엔군 사령부로부터 긴급 연락이 왔다.

"부산의 유엔군 묘지에 세계 각국의 유엔군 사절들이 방문하기로 되어 있는데, 나무 한 그루, 풀 한 포기 없이 묘비만 덩그러니 있어 너무 썰렁하오. 그곳에 잔디를 깔 수 있겠소?"

유엔군 사령부는 한겨울에 잔디를 구하는 것이 어려운 일인 줄 알면서도 10만 명이나 되는 미군 병사들의 숙소를 일주일 만에 만들어낸 정주영이라면 이를 해결해줄 수 있을 것이라 믿었다.

천하의 정주영도 난감하기는 마찬가지였다. 그러나 그 순간 발휘된 역발상! 그는 무조건 파란 풀밭으로 만들어주면 되느냐고 되물었고, 사령부 측에서 제시한 공시비의 3배를 요구했다. 사정이 다급한 쪽은 유엔군 사령부였고 한 치의 망설임 없이 정주영의 요구를 즉각 수락했다.

창조정신의 모범 답안들

정주영은 즉시 트럭 30대를 끌고 낙동강 근처에 있는 보리밭으로 갔다. 그는 보리밭 주인에게 보리를 팔라고 설득했고, 이제 막 파란 새싹을 내민 보리를 몽땅 떠서 트럭에 실었다. 그리고 곧장 유엔군 묘지로 달려가 보리를 옮겨심기 시작했다. 한겨울 황량하기만 했던 유엔군 묘지는 불과 며칠 만에 푸른 보리밭으로 변했다.

" 우리는 원대한 꿈과 긍정적인
청사진을 가지고 미래를
내다보아야 한다. "

도전정신
Challenging Spirit

• • •

현재 생활에 안주하고 싶어 하는 사람일수록 변화를 싫어한다. 그들은 성공에 대한 기대감을 부담스러워하고 '도전'을 성공을 위한 기회가 아니라 실패를 향한 섣부른 선택이라고 생각하여 회피하려 하고 현재에 안주하려고 한다. 하지만 성공은 변화에서 시작된다. 변화를 원하는 사람에게 도전은 성공으로 이어지는 지름길이며 기회이다. 성공의 크기는 도전의 크기와 비례한다. 즉, 도전을 많이 할수록 성공의 크기가 커지는 것이다.

D-80

도전정신

창조정신 **도전정신** 진보정신 성공정신 기업가정신

내일 나는 어떤 사람일까를 써보세요.

일주일 후 나는 어떤 사람일까를 써보세요.

뚜렷한 비전을 가져라

이제 10년 후 나는 어떤 사람일까를 써보세요.

" 좋지 않은 일이 닥쳐와도 겁먹지 말고 '이 시련은 나로 하여금 더 큰 일을 감당할 수 있도록 하기 위한 것이다.' 이렇게 생각하는 것이 바람직하다. "

D-79

도전정신

창조정신 **도전정신** 진보정신 성공정신 기업가정신

당신이 몸담고 있는 조직의 비전은 무엇인가요?

당신의 비전과 조직의 비전은 같은 방향으로 흘러가나요?

뚜렷한 비전을 가져라

당신과 다른 비전을 갖고 있는 조직이라면, 당신은 어떤 선택을 할 수 있나요? 조직의 비전에 당신의 비전을 맞출 건가요?

> 뜻이 강하고 굳은 사람은 어떤 어려운 일에 봉착해도 결단코 자신이 마음먹었던 일을 성취하고야 만다.

D-78

• 도전정신

창조정신 **도전정신** 진보정신 성공정신 기업가정신

앞으로 한 시간 동안의 계획표를 그려보세요.

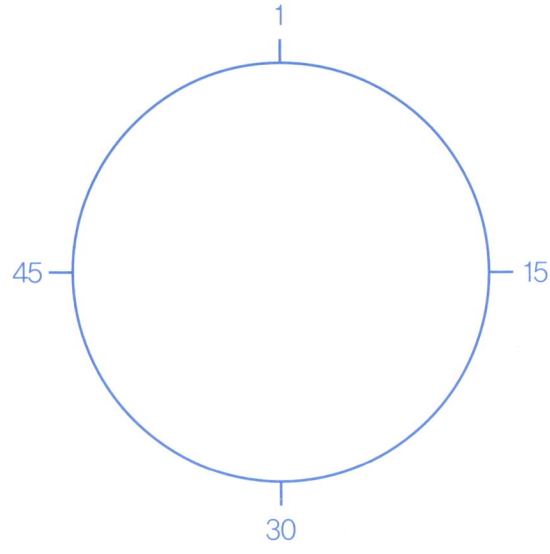

오늘 만날 사람(직장동료, 친구 등)과 나눌 예상 대화내용을 생각해보세요.

전략이 있어야 산다

앞에서 생각한 사람에게 껌 한 개를 준다면 어떻게 주어야 어색하지 않을까 계획을 세워 보세요.

" 모든 사람이 뜻을 가지느냐 가지지 않느냐가 가장 중요하다. 뜻을 가지고도 이루지 못하는 것은 없다. "

D-77 도전정신

창조정신 **도전정신** 진보정신 성공정신 기업가정신

당신이 생각하는 가장 위대한 전략가(혹은 지략가)는 누구인가요?

왜 그 사람을 생각했나요? 그 사람은 어떤 상황에서 어떤 전략을 폈던 사람인가요?

전략이 있어야 산다

당신이 그 사람이라면 당신은 앞과 같은 상황에서 어떤 전략을 펼 것인가요?

> 진실이 없는 목표와 참된 노력이 없는 이상은 헛된 망상으로 끝난다.

D-76

도전정신

창조정신 **도전정신** 진보정신 성공정신 기업가정신

지금까지 세웠던 계획 중 가장 대표적인 작심삼일은 무엇입니까?

그 작심삼일을 지금 다시 해본다면 어떻게 될 것 같으신지요?

시련은 있어도 실패는 없다

존경하는 사람 한 명과 그 이유를 15글자 이내로 간단하게 쓰세요.

" 인간은 다 비슷한 조건 아래 출발한다고 생각해야 한다. "

D-75

도전정신

창조정신 **도전정신** 진보정신 성공정신 기업가정신

'시련'과 '실패'의 차이는 무엇인가요?

당신이 가장 크게 시련을 느꼈던 순간은 언제인가요?

시련은 있어도 실패는 없다

당신이 가장 크게 실패를 했던 순간은 언제인가요?

> 사람은 누구나 다 자신이 믿고 싶어 하는 대로 믿는 경향이 있다.

D-74

도전정신

창조정신 **도전정신** 진보정신 성공정신 기업가정신

자신이 놓쳤다고 생각되는 인생의 터닝포인트는 언제였습니까?

지금까지의 인생에서 치렀던 가장 '비싼 수업료'는 무엇이었습니까?

도전하고 다시 도전하라

가장 비싼 수업료를 치르고 터닝포인트를 잡으시겠습니까? 답에 대한 이유를 쓰세요.

"사람은 보통
적당히 게으르고 싶고,
적당히 재미있고 싶고,
적당히 편하고 싶어 한다.
그러나 그런 '적당히'의
그물 사이로
귀중한 시간을 헛되이
빠져나가게 하는 것 이상
우매한 짓은 없다."

D-73

도전정신

창조정신 **도전정신** 진보정신 성공정신 기업가정신

당신이 여러 번 도전해서 이루어낸 일이 있다면 무엇인가요? (애인이 생겼다든지, 영업 거래처가 생겼다든지, 어떤 것이든 좋습니다)

당신은 올해 새롭게 도전하고 싶은 일이 있나요? 있다면 그것은 무엇이고, 없다면 그 이유는 무엇인가요?

도전하고 다시 도전하라

항상 어떤 일이든 도전하는 사람과 도전을 꺼려하는 사람이 있습니다. 당신은 이 두 부류 중 어디에 속한다고 생각하나요? 그 삶에 만족하고 있나요?

" 매일이 새로워야 한다. 어제와 같은 오늘, 오늘과 같은 내일을 사는 것은 사는 것이 아니라 죽은 것이다. "

D-72

도전정신

창조정신 **도전정신** 진보정신 성공정신 기업가정신

지금 '나만의 명함'을 만든다면 거기에 넣고 싶은 문구는 무엇입니까?

쓸데없고 귀찮은 목표 한 가지를 정해서 쓰세요(예를 들면 길거리에서 숫자 21을 열 번 발견하기). 그리고 오늘 하루 이행하세요.

해보고 안 된다고 하자

오후에 돌아와서 목표를 이루었는지, 아니면 몇 퍼센트를 달성했는지 기록하세요.

%

" 사람은 누구나 자신이 속한 사회의 물가수준, 사회적 위치, 남과의 비교 등으로 스스로를 평가하면서 살기 마련이다. "

D-71

● 도전정신

창조정신 **도전정신** 진보정신 성공정신 기업가정신

당신은 혹시 입버릇처럼 "에이, 그건 안 돼. 불가능해."라는 말을 자주 하는 사람인가요, 아니면 "그래! 한 번 해보자!"라는 말을 자주 하는 사람인가요?

당신은 주위에서 "저 사람한테는 해보나마나야."라는 말을 듣는 편입니까, "저 사람한테는 불가능한 일이란 없어."라는 말을 듣나요?

해보고 안 된다고 하자

지금까지 당신이 했던 일 중에 정말 '해보고 안 된 일'이 있었나요? 그것은 무엇이었나요? 안 된 후에 당신은 어떤 생각을 했나요?

> 견문이 좁은 사람은 마음도 좁아서 자기 상식이 전부인 줄 알고 미련하게 낙오되어 살다 불쌍하게 간다.

D-70

도전정신

창조정신 **도전정신** 진보정신 성공정신 기업가정신

'불가능'이라는 말을 들으면 제일 먼저 떠오르는 것이 무엇입니까?

위에서 떠오른 불가능이 가능하려면 어떤 조건(불가능한 조건도 무방)을 갖춰야 할까요?

세상에 불가능한 것은 없다

앞에서 말한 불가능한 조건이 이루어지려면 어떤 상황이 되어야 할까요?

" 모든 것의 주체는 인간이다. 가정, 사회, 국가의 주체도 역시 사람이다. "

D-69

도전정신

창조정신 **도전정신** 진보정신 성공정신 기업가정신

국내 무전여행은 얼마 동안 가능하다고 생각하시나요?

당신은 이미 수억 분의 일의 확률로 태어난 사람입니다. 수억 분의 일보다 더 불가능한 확률을 가진 일은 무엇이 있을까요?

세상에 불가능한 것은 없다

오늘, 당신이 듣는 말 가운데 기분 상한 이야기들을 들어도 무조건 미소 짓고 '괜찮다'는 생각으로 상대방의 말에 귀 기울여 보세요. 어떤 일이 벌어질까요?

" 인적자원의 위력은 여타 물적 자원과 비교될 수가 없다. 인간의 창의와 노력은 무한하다. "

D-68

도전정신

창조정신 **도전정신** 진보정신 성공정신 기업가정신

지금 하고 있는 일(직업, 가사, 공부 등)의 단점 10가지를 쓰세요.

지금 하고 있는 일(직업, 가사, 공부 등)이 가진 최고의 장점을 단 1가지만 쓰세요.

일을 즐기는 습관을 가져라

단점 10가지와 장점 1가지를 서로 바꾼다면 그렇게 하겠는지, 그렇다면 왜인지를 쓰세요.

우리에게는 세계 제일의 무기가 있다. 그 무기란 바로 '세계에서 가장 우수한 기능공들'이다.

D-67

도전정신

창조정신 **도전정신** 진보정신 성공정신 기업가정신

당신이 지금 하고 있는 일(직업, 공부, 가사 등)을 당신은 왜 하고 있나요?

위의 일이 꼭 해야 하는 일이라면 당신은 지금 어떤 마인드로 일을 하고 있나요? 마지못해 하고 있나요, 아니면 재미를 느끼며 하고 있나요? 마지못해 하고 있다면 왜 그런가요?

일을 즐기는 습관을 가져라

오늘 하루 당신에게 주어진 많은 일 가운데 딱 한 가지만 '이것만큼은 즐겨보자'는 생각을 갖고 임해 보세요. 그리고 그 생각이 다른 일에 어떤 영향을 미쳤는지 적어보세요.

> 세계 어느 민족보다도 우리는 성실하고 어질고 착하며 그러면서 우수하다.

D-66

∙ 도전정신

창조정신 **도전정신** 진보정신 성공정신 기업가정신

과거, 현재, 미래 중 당신이 가장 열정적이었던 혹은 열정적일 것 같은 때는 언제이고 이유는 무엇입니까?

당신의 하루를 다섯 문장 내외로 예상해보세요.

열정을 멈추지 마라

다섯 문장의 우선순위를 정해서 다시 배열해 보세요.

"내가 보기에는 근로자들이 과거처럼 일을 열심히 안 하는 것이 아니라 과거보다 좀 덜 열심히 한다. 이것은 문제이며 좋지 않다."

D-65

도전정신

창조정신 **도전정신** 진보정신 성공정신 기업가정신

당신이 생각하는 열정을 5가지 키워드로 정리해 보세요.

1.
2.
3.
4.
5.

이번 주 당신이 열정적으로 해야 할 일을 정리해 보세요.

열정을 멈추지 마라

스스로의 열정에 대해 평가해 보세요.

> 똑같은 제도, 똑같은
> 법률 아래서도 개인의
> 능력, 성실성, 사고의
> 차이 등으로 어떤 사람은
> 크게 성장하고
> 어떤 사람은 실패한다.

D-64

도전정신

창조정신 **도전정신** 진보정신 성공정신 기업가정신

하루 동안 역할을 바꾼다면 누구와 바꾸고 싶습니까?

왜 그 사람과 역할을 바꾸고 싶습니까?

도전이 성공을 앞당긴다

그 사람처럼 되려면 어떻게 해야 합니까?

> 누구에게나 평등하게
> 주어진 여건과
> 기회 안에서 성공,
> 실패의 책임은
> 엄격하게 말해서
> 개개인에게 있다.

D-63

▸ 도전정신

창조정신 **도전정신** 진보정신 성공정신 기업가정신

당신이 도전해서 성공했던 일에 대해서 정리해 보세요. 특히 지금 생각해도 가슴이 뿌듯해지는 일이 있었다면 더욱 좋습니다.

앞으로 도전해 보고 싶은 일에 대해 적고, 그 이유를 정리해 보세요.

도전이 성공을 앞당긴다

도전을 위해 새해마다 마음먹는 일을 적어보세요.

> 능력의 유무를 따지기 전에 불균형에 위화감을 느끼고 불평을 토하게 되는 것도 또한 인간의 속성이다.

D-62

> 도전정신

창조정신 **도전정신** 진보정신 성공정신 기업가정신

D-62일까지의 질문 중에 가장 가슴에 남는 질문을 다시 한 번 쓰세요.

그동안 도전에 대한 성과가 있었다면 무엇인지 쓰세요.

도전정신을 정리하라

앞으로 60일 동안 노트를 잘 쓰겠다는 각오를 쓰세요.

" 각자 자기가 하고 싶은 대로 성취했다면 그 사람은 부를 가진 사람이다. "

D-61

도전정신

창조정신 **도전정신** 진보정신 성공정신 기업가정신

정주영이 인천 부두에서 막일을 하고 있을 때였다. 노동자 합숙소에는 늘 빈대가 우글거렸다. 그러니 힘들게 일을 하고 밤에 고난한 몸을 누일라치면 빈대가 극성을 부려 도저히 잠을 잘 수가 없었다. 그래서 정주영과 몇몇 노동자들은 빈대에게 물리지 않으려고 커다란 식탁 위에 올라가 잠을 청하기도 하였다. 그러나 빈대들은 탁자 다리를 타고 올라와 악착같이 피를 빨아먹었다.

정주영이 한 가지 꾀를 냈다. 탁자 다리를 물이 가득한 양푼 네 개에 담가놓고 그 위에 올라가 잠을 청한 것이다. 빈대들은 더 이상 탁자에 오르지 못했다. 탁자에 오르려면 양푼을 지나가야 하는데, 아무리 빈대라도 익사할 일을 하겠는가.

그날 밤, 정주영은 오랜만에 편안한 잠을 잘 수 있었다. 하지만 그것도 이틀 밤을 넘기지 못했다. 빈대들이 다시 그의 몸을 물어뜯기 시작한 것이다.

'이놈의 빈대들이 어떻게 탁자 위로 올라왔을까?'

정주영은 불을 켜고 자세히 살펴보았다. 빈대들은 탁자 다리로 기어오른 것이 아니었다. 장애물로 설치한 양푼을 통과하다가는 물에 빠

도전정신의 모범답안

져죽을 위험이 있으니까 아예 벽을 타고 우회해 천장으로 올라간 다음 공중낙하를 시도한 것이다. 정주영은 생각했다.

"빈대도 저렇게 전심전력으로 연구하고 노력해 제 뜻을 이루는데 나는 지금 무엇을 하고 있는가? 빈대만도 못한 인간이 될 수는 없지 않은가?"

이것이 그 유명한 정주영의 빈대철학이다.

생명이 있는 한 인간에게
실패란 있을 수 없다.

진보정신

Advanced Spirit

• • •

기회란 좋은 얼굴로 찾아오지 않는다. 오히려 장애물이나 문제점으로 찾아오는 경우가 더 많아 그것이 기회인지 모르고 놓치는 경우가 많다. 그렇다면 우연히 찾아오는 기회란 것이 있을까? 사람들은 기회가 갑자기 찾아오는 것이라고 믿지만, 그것을 절대 거저 주어지지 않는다. 기회를 통해 원하는 것을 얻은 사람들은 인과와 노력의 시간을 묵묵히 견뎌온 자들이다.

D-60

· 진보정신

창조정신 도전정신 **진보정신** 성공정신 기업가정신

지금까지 몇 번이나 꿈이 바뀌었나요?

바뀐 꿈 중에서 가장 그럴 듯한 것은 무엇인가요?

기회는 꿈을 가진 자에게 온다

앞으로 몇 개의 꿈을 가질 수 있을지 쓰고, 이유를 적으세요.

개

> 인간은 누구나
> 자기 문제를 스스로
> 해결할 수 있는 능력을
> 갖고 있다.

D-59

진보정신

창조정신 도전정신 **진보정신** 성공정신 기업가정신

내가 가진 꿈을 위해 노력해야 할 점에 대해 구체적으로 적어보세요.

주변에 꿈이 없어 보이는 사람이 있나요? 어떤 생각이 드나요?

기회는 꿈을 가진 자에게 온다

지금 당장 새로운 꿈 하나를 생각해서 적어보세요.

> 세상을 밝게 맑게 바르게 보고 이 사회에 보탬이 될 목적으로 살면 할 일은 태산처럼 많다.

D-58

진보정신

창조정신 도전정신 **진보정신** 성공정신 기업가정신

최선을 선택하는 일과 최악을 제거하는 일 중 어떤 것이 더 중요하다고 생각합니까?

위의 문제에서 왜 그렇게 선택했나요?

올바른 선택은 최선에서 나온다

고민만 하다 시작하지 못한 일 중 가장 아쉬움이 남는 일은 무엇입니까?

> 올바른 뜻을 갖고 그에 어긋나지 않게 신중을 기하여 모든 노력을 기울인 사람에게는, 예기치 못한 수많은 시련은 있어도 실패는 결코 없다는 것이 지금까지 걸어온 내 삶의 체험에서 얻은 신념이다.

D-57

• 진보정신

창조정신 도전정신 **진보정신** 성공정신 기업가정신

위기에 닥쳤을 때 올바른 선택을 하기 위해 무엇을 준비해야 할까요?

내 인생에서 가장 최선을 다했던 일에 대해 적어보세요.

올바른 선택은 최선에서 나온다

나는 항상 올바른 선택을 하고 있는지 생각해 보세요.

" 현실을 바르게 판단, 바른 뜻을 세워 바른 생각을 가진 사람은 우리가 그리는 이상의 국가를 현실의 국가로 실현시키는 일도 가능하다고 나는 믿는 사람이다. "

D-56

진보정신

창조정신　도전정신　**진보정신**　성공정신　기업가정신

오늘 일어난 시간은 몇 시이고 오늘의 아침일과 진행순서는 어땠습니까?

하루를 시작하기 전에 가장 먼저 어떤 생각을 하십니까?

부지런은 명석함을 이긴다

출근 전 한 시간의 여유가 생긴다면 가장 하고 싶은 일은 무엇입니까?

> 스스로 운이 나쁘다고 생각하지 않는 한 나쁜 운이란 없다.

D-55

• 진보정신

창조정신 도전정신 **진보정신** 성공정신 기업가정신

아침에 가장 일찍 일어난 적은 언제였고, 무슨 일 때문이었나요?

당신은 부지런한가요, 게으른가요? 그렇게 생각하는 이유는?

부지런은 명석함을 이긴다

부지런해서 성공한 사람 중, 롤 모델로 삼고 싶은 사람과 이유를 적어보세요.

> 화창한 날, 비바람 치는 날을 우리가 다 같이 골고루 공평하게 만나면서 살듯이, 나는 좋은 운 나쁜 운도 누구에게든 공평하게 주어진다고 생각한다.

D-54

• 진보정신

창조정신 도전정신 **진보정신** 성공정신 기업가정신

당신이 싫어하는 윗사람과 똑같은 성격을 가진 사람이 당신의 아랫사람으로 왔을 때 당신은 어떤 일을 시키겠습니까?

어제 하루를 위기와 기회로 나누어보세요.

위 기	기 회

위기를 기회로 바꿔라

생활을 돌아보는 시간이 하루에 얼마나 되십니까?

> 운은 무엇인가. 운은 별것 아닌 '때'를 말한다. 좋아질 수 있는 기회 즉, 좋은 '때'가 왔을 때 그걸 놓치지 않고 꽉 붙잡아 제대로 쓰면 성큼 발전하고, 나쁜 '때'에 부딪쳐도 죽을 힘을 다해 열심히 생각하고 노력하고 뛰면 오히려 '좋은 때'로 뒤집을 수가 있다.

D-53

진보정신

창조정신 도전정신 **진보정신** 성공정신 기업가정신

내 인생에서 사람 때문에 생긴 가장 큰 위기와 환경 때문에 생긴 가장 큰 위기를 나누어서 적어보세요.

사 람	환 경

그 위기를 극복하기 위해 어떠한 일을 했나요?

위기를 기회로 바꿔라

극복하고 난 뒤 깨달은 것은 무엇인가요?

> 사주가 우리의 일생을 결정짓는 것이 아니라 자신이 살아가면서 이런 저런 '때'에 어떻게 대처하느냐에 성공, 실패가 판가름 나는 것이다.

D-52

▪ 진보정신

창조정신 도전정신 **진보정신** 성공정신 기업가정신

오늘 하루를 위해 지금 준비할 것이 무엇이 있습니까?

10년 후를 위해 준비해야 할 것이 무엇이 있습니까?

항상 미래를 준비하라

앞의 답 중에 10년 전에 준비할 수도 있었던 것이 어떤 것이 있습니까?

" 운 타령을 잘하는 게으른 사람은 좋은 때가 와도 게으름과 불성실로 그냥 놓쳐버리고 평생 '좋은 때'가 없는 불운의 연속 속에 불행하게 산다. "

D-51

진보정신

창조정신 도전정신 **진보정신** 성공정신 기업가정신

과거 준비하지 못해 후회한 것이 있다면 무엇이고, 그 이유는 무엇인가요?

작은 꿈이라도 이룬 것이 있다면, 그 꿈을 이루기 위해 어떤 일을 했나요?

항상 미래를 준비하라

자신의 미래를 생각하면 가장 먼저 떠오르는 이미지는 무엇인가요?

" 개개인의 자유가 구속되고 타의에 의해 직업이 주어지고 사는 곳이 정해지는 사회에서 사는 것만큼 큰 불행은 없다. "

D-50

진보정신

창조정신 도전정신 **진보정신** 성공정신 기업가정신

최근 각광받고 있는 소셜네트워크 혹은 스마트폰을 활용하는 편입니까? 활용하지 않고 있다면 이유는?

위의 행동에 대한 장점과 단점을 나름대로 분석하세요.

끊임없이 변화를 시도하라

단점을 보완하기 위해 무엇을 하면 될까요?

" 모든 일에는 좋고 나쁜 면이 항상 공존하고 있고 또 그것은 밤이 낮으로 바뀌고 낮이 밤으로 바뀌듯 항상 변화한다. "

D-49

• 진보정신

창조정신 도전정신 **진보정신** 성공정신 기업가정신

어제의 당신과 오늘의 당신, 무엇이 달라졌습니까?

스스로 생각하는 '변화'의 정의를 내려 보세요.

끊임없이 변화를 시도하라

최근 세상의 변화를 느끼게 만드는 것에 대해 적어보세요.

> 불운은 몇 배의 노력으로 극복하고 호운은 또 적극적으로 성장에 활용해서 다음의 불운에도 끄떡없는 힘을 비축해야 한다.

D-48

: 진보정신

창조정신 도전정신 **진보정신** 성공정신 기업가정신

가장 최근에 충동구매를 했던 적이 있나요? 그렇다면 이유는?

가까워진 후 첫인상과 가장 달랐던 사람은 누구이며, 인상이 바뀐 이유는 무엇입니까?

상대방의 꾀에 넘어가지 마라

첫 번째 상황에서 제품을 판매하는 사람 입장이라면 어떤 행동을 했을까요?

"행복한 삶을 바란다면 다른 사람에 대한 이해의 폭을 넓혀 항상 투명하고 겸손하고 순수한 마음가짐으로 살라는 권유를 하고 싶다."

D-47

• 진보정신

창조정신 도전정신 **진보정신** 성공정신 기업가정신

다른 사람에게 속임을 당했던 일과 그 이유를 적어보세요.

속임을 당한 뒤 가장 먼저 결심한 것은 무엇인가요?

상대방의 꾀에 넘어가지 마라

결심을 지키기 위해 노력하고 있는 것이 있습니까?

> 사람은 내가 내 주변보다 더 낫게 발전할 수도 있고 뒤떨어질 수도 있다, 더 나을 수도 뒤떨어질 수도 있다는 것을 순수하게 받아들이지 못하고 항상 더 낫기만 해야 하는 오만한 사람들은 항상 질투, 질시, 투기하며 불행 속에 빠져 산다.

D-46

• 진보정신

창조정신 도전정신 **진보정신** 성공정신 기업가정신

속해있는 사회조직(직장, 단체, 가정)에 대한 불만이나 단점 다섯 가지를 쓰세요.

1.
2.
3.
4.
5.

자신이 속한 사회조직의 단점 중, 다른 조직이 갖고 있지 않은 문제점은 무엇이고, 그 이유는 무엇이라고 생각합니까?

조직문화에서 살아남기

앞에서 말한 단점을 장점이라고 생각하고 있는 사람이 있다면, 그 이유는 무엇이라고 생각할까요?

"다른 사람을 인정할 줄 아는 사람은 행복한 사람이며 긍정적인 사람이며 자신도 크게 성장할 수 있는 소질을 가진 사람이다."

D-45

· 진보정신

창조정신　도전정신　**진보정신**　성공정신　기업가정신

당신의 조직은 왜 당신을 뽑았을까요, 혹은 왜 받아들였을까요? 어떤 이유일까요?

당신이 속한 조직의 장점을 다섯 가지만 고르세요.

1.
2.
3.
4.
5.

조직문화에서 살아남기

그 장점은 그 조직이 이미 가지고 있던 것인가요? 아니면 당신이 만든 것인가요? 그 장점을 만들기 위해 조직은(당신은) 어떤 노력을 했나요?

" 부정적인 사람은
태양 밑에서 고된 노동의
고통만 끔찍하게 여기지
그늘 아래서 서늘한
바람을 쐴 때의 행복은
느낄 줄 모른다. "

D-44

진보정신

창조정신 도전정신 **진보정신** 성공정신 기업가정신

긍정적인 변화와 안정적인 현실 중 택하고 싶은 것과 그 이유는 무엇입니까?

어제 하루는 왜 그렇게 살았는지 자신에게 대한 칭찬 혹은 변명을 적어보세요.

스스로 변화를 만들어라

어제 하루 중에서 가장 불만족스러웠던 부분은 어떤 부분입니까?

"젊었을 때 콩나물 버스에서 시달림을 받아 보아야 자신의 능력으로 자가용을 타게 됐을 때 그 행복감을 느낄 수 있다."

D-43

· 진보정신

창조정신 도전정신 **진보정신** 성공정신 기업가정신

가장 변화하고 싶은 당신의 외모적인 단점을 적어보세요.

가장 변화하고 싶은 당신의 성격적인 단점을 적어보세요.

스스로 변화를 만들어라

내 삶의 가장 큰 변화는 무엇인가요?

"부정적인 사람은 좋은 것도 행복한 것도 없다. 봄은 나른해서 싫고 여름은 더워 싫고 가을은 쓸쓸해서 싫고 겨울은 추워서 싫다는 식이다."

D-42

진보정신

창조정신　도전정신　**진보정신**　성공정신　기업가정신

D-42일까지의 질문 중에 가장 가슴에 남는 질문을 다시 한 번 쓰세요.

그동안 진보에 대한 성과가 있었다면 무엇인지 쓰세요.

진보정신을 정리하라

앞으로 40일 동안 노트를 잘 쓰겠다는 각오를 쓰세요.

> 치열한 투쟁 속에서
> 나는 내심 행복을
> 느낄 때가 많았다.

D-41

진보정신

창조정신 도전정신 **진보정신** 성공정신 기업가정신

오늘날 세계 최고의 조선업을 이끄는 현대중공업이 되기까지는 절망도 많았다. 조선업을 시작한 지 불과 몇 년 안 되어 발생한 석유파동으로 선주들이 주문한 배를 인도해가지 않아 현대 측은 당황하지 않을 수 없었다. 배를 건조하기 위해 모든 비용을 지출한 상태에서 배를 인수해 가지 않으니 현대조선소로서는 막대한 타격이 아닐 수 없었다. 직원들은 절망에 빠졌고, 회사 입장에서도 당장 어찌할 도리가 없었다. 자신들이 만든 배가 나가지 못하는 것에 대한 실망과 함께, 막대한 손해로 파산의 위기에 직면했기 때문이다. 많은 사람들이 집채만 한 배를 버릴 수도 없고 그렇다고 마냥 재고로 떠안을 수도 없는 회사의 사정에 대해 부정적인 시각을 던졌다.

그러자 정주영의 생각은 달랐다. 그는 남은 배를 어떻게 활용할까 고민한 끝에 해답을 내렸다.

"해운회사를 차려야겠다."

진보정신의 모범답안

그는 1976년 아세아상선으로 창립하여 초대형 유조선 세 척의 운항을 개시했고, 이후 컨테이너 영업을 시작하여 1997년 세계 8위의 해운회사로 도약하는 계기를 만들었다.

" 오늘 못하면 내일 한다는 식으로 발전이 있을 수 없고, 어려운 일을 피하다 보면 쉬운 일은 아무것도 없는 법이다. "

성공정신
Successful Spirit

· · ·

사람들은 언제부턴가 부정하고 걱정하는 병을 앓고 있다. 한때는 부정과 비판만이 인정받던 시대도 있었다. 어떤 사람이 사물을 대하든 상대의 좋은 점보다는 부족한 점을 말해야 똑똑해 보이고, 사회가 더 발전한다고 생각했던 모양이다. 하지만 열린 마음과 긍정적인 사고는 입체적인 사고를 키워주며, 나아가 창의적인 능력으로까지 나아갈 수 있게 도와준다.

할 수 있다는 자신감과 긍정적인 마인드는 준비된 자만이 얻을 수 있는 기쁨이다.

D-40

성공정신

창조정신 도전정신 진보정신 **성공정신** 기업가정신

부모님 혹은 내 형제자매에게 "사랑한다."는 말을 해본 적이 있나요?

내가 저지른 실수나 잘못에 대해서 사과하지 않고 지금까지 소원한 관계를 유지하고 있는 사람은 없나요?

긍정적 사고로 미래를 꿈꿔라

출퇴근길이나 등하교 길에 붐비는 사람들 때문에 짜증이 날 때, 그래도 난 다행이다, 라고 생각한 적이 있나요? 있다면 이유는?

"몇 십 배 많은 일을 한다는 것은 게으른 몇 십 명, 몇 백 명 몫의 인생을 산다는 이야기가 된다."

D-39

• 성공정신

창조정신　도전정신　진보정신　**성공정신**　기업가정신

'내가 봐도 난 참 긍정적이야'라고 생각될 때가 있나요? 그 이유는?

긍정적인 생을 갖기 위해 노력하는 일로는 무엇이 있나요?

긍정적 사고로 미래를 꿈꿔라

당신에게 긍정이란 무엇인가요?

"허송세월이 인생의 목표가 아니거든 첫째 부지런하기를 권한다."

D-38

성공정신

창조정신　도전정신　진보정신　**성공정신**　기업가정신

매년 동일한 목표를 세우는 것이 있는지 생각해보고 그것을 적으세요.

위에 적은 목표가 매년 달성되는 것인지 매년 실패하는 것인지 구분하세요.

끈질긴 근성으로 승부하라

목표를 실패한 이유가 매년 같은 것인지 다른 것인지 적으세요.

" 부지런해야 많이 움직이고 많이 생각하고 많이 노력해서 큰 발전을 이룰 수 있다. "

D-37

성공정신

창조정신 도전정신 진보정신 **성공정신** 기업가정신

당신은 누가 가장 끈질긴 근성을 가진 사람이라고 생각합니까? 그 이유는 무엇입니까?

본인은 근성이 있는 사람인가요? 이에 대한 답변과 이유를 적어보세요.

끈질긴 근성으로 승부하라

당신에게 누구보다도 끈질긴 근성이 있었다면 무엇을 했을 것 같습니까?

❝ 부지런함은
자기 인생에 대한
성실성이다. ❞

D-36

• 성공정신

창조정신 도전정신 진보정신 **성공정신** 기업가정신

당신의 자랑거리 하나를 적어보세요(기술, 인간관계 등).

누군가에게 지시받은 일 중 '불가능'하다고 생각한 일이 있었나요? 무엇인가요?

자신감은 어디에서 오는 것일까

'불가능한 일'을 실패하는 것이 창피한 일일까요? 그렇다면 이유는?

"내일은 오늘을 어떻게 사느냐에 달려 있고 십 년 후는 지난 십 년을 어떻게 살았는가의 결과이다."

D-35

• 성공정신

창조정신 도전정신 진보정신 **성공정신** 기업가정신

당신은 어느 부분(외모, 실력, 행동)에서 가장 큰 자신감을 가지고 있나요? 이유는 무엇인가요?

자신감을 갖기 위해 노력하고 싶은 점을 적어보세요.

자신감은 어디에서 오는 것일까

자신감이 넘치는 사람을 보면 어떤 생각이 드나요?

"
작은 일에 성실한 이를
보고 우리는 큰일에도
성실하리라 믿는다.
작은 약속을 어김없이
지키는 사람은
큰 약속도 틀림없이
지키리라 믿어준다.
작은 일에 최선을
다하는 사람은
큰일에도 최선을 다한다.
"

D-34

· 성공정신

창조정신 도전정신 진보정신 **성공정신** 기업가정신

상대방이 "안 돼."라고 말하면 가장 먼저 어떤 단어가 떠오르나요?

거절할 수 없는 제안을 하거나, 받은 적이 있다면 간략하게 써보세요.

상대방의 마음을 공략하라

결혼을 했거나 연애를 해본 적이 있다면, 제일 처음 어떤 말부터 시작했나요?

"논리적으로나 학문적 계수로는 분명 안 될 일이고 못할 일을 우리는 해내고 있는 것이다."

D-33

성공정신

창조정신　도전정신　진보정신　**성공정신**　기업가정신

다른 사람들은 본인을 어떤 단어로 평가하나요?

상대방의 마음을 흔드는 자신의 비장의 무기는 무엇인가요?

상대방의 마음을 공략하라

매력 있는 사람들의 조건은 무엇이라고 생각하나요? 순서대로 나열해 보세요.

" 뒤떨어진 분야라고
주저하고, 미지의
분야라고 두려워하거나,
힘들다고 피하는 것이
패배주의이다. "

D-32

성공정신

창조정신 도전정신 진보정신 **성공정신** 기업가정신

당신은 언제 말이 많아지고, 언제 적어지나요? 그것이 적당한 시점인가요?

위의 답변과 반대로 행동하면 어떤 일이 벌어질지 적어보세요.

정주영처럼 대화하라

작년에 말만 하고 실천하지 않은 것들이 있다면 세 가지만 적어보세요.

1.

2.

3.

"어렵고 힘든 일은 안 하면 편하다. 그러나 어렵다고 손 안 대고 주저앉아 있으면서 쉬운 일만 하고자 한다면 회사의 발전은 물론 국가의 발전도 기약할 수 없다."

D-31

• 성공정신

창조정신 도전정신 진보정신 **성공정신** 기업가정신

대화할 때 가장 많이 쓰는 말을 떠올려 보세요. 그리고 그 말이 당신의 화법에 끼치는 전체적인 영향에 대해 적어보세요.

가장 닮고 싶은 화법을 구사하는 사람을 떠올려보고, 화법의 어떤 점이 당신에게 필요하다고 생각하는지 적어보세요.

정주영처럼 대화하라

사람의 기분을 좋게 만드는 말 다섯 가지를 적어보세요.

1.
2.
3.
4.
5.

"모든 일의 성패는 그 일을 하는 사람의 사고와 자세에 달려 있다."

D-30

• 성공정신

창조정신 도전정신 진보정신 **성공정신** 기업가정신

거리에서 휴지를 줍거나, 아주 작은 선행을 한 것이 있다면 적어보세요.

친구나 동료보다 앞서기 위해 공유할 정보를 나 혼자 소유한 적이 있나요?

더불어 사는 세상에 대한 열망

자신이 갖고 있는 것(재능, 돈, 물건 등) 가운데 다른 사람과 나누어도 괜찮은 것은 무엇인가요?

"어렵게 생각하면 한없이 어려운 일이나 쉽게 여기면 또 한없이 쉬운 일이다."

D-29

성공정신

창조정신　도전정신　진보정신　**성공정신**　기업가정신

자신이 갖고 있는 것 중에 사회에 가장 큰 도움이 될 수 있는 자질은 무엇이 있는지 떠올려보세요.

당신이 친구나 동료들에게 도움이 될 만한 것을 구입한다고 가정했을 때, 가장 먼저 떠오른 것은 무엇입니까? 또 그 이유는 무엇인지 적어보세요.

더불어 사는 세상에 대한 열망

작은 기부(수재민 돕기 등)나 선행(지하철이나 버스에서의 자리 양보 등)을 펼쳤을 때 드는 감정은 무엇이며, 그것이 삶에 어떤 영향을 끼친다고 생각하십니까?

" 스스로 포기하지 않는 이상 방법은 있게 마련이다. "

D-28

• 성공정신

창조정신　도전정신　진보정신　**성공정신**　기업가정신

약속 시간(친구와의 약속, 출근시간 등)을 잘 지키는 편인가요? 답에 대한 이유는 무엇인가요?

다이어리나 달력, 수첩에 오늘의 스케줄을 메모하는 당신, 단지 '귀찮다'는 이유 때문에 미루거나 포기한 일은 무엇인가요?

실천주의자가 되어라

그 일을 실천했었다면 당신이 얻을 수 있었던 것은 무엇인가요?

"교육받은 사람이 아무 생각 없이 하루하루를 보내면 교육받지 못했어도 열심히 생각하는 사람을 따라갈 수가 없다."

D-27

성공정신

창조정신 도전정신 진보정신 **성공정신** 기업가정신

지금까지 이 노트를 잘 쓰고 있다면, 당신은 상당한 실천주의자입니다. 지금까지 노트를 썼던 동기는 무엇입니까?

어떤 결심이나 각오를 할 때, 당신은 큰 그림을 먼저 그리는 편입니까 아니면 소소한 것부터 시작하는 편입니까? 이에 대한 답을 그 이유를 함께 적어보세요.

실천주의자가 되어라

사랑을 '실천'하는 행동에는 어떤 것들이 있을까요?

"생각하는 사람과 생각이 없는 사람의 차이는 일을 해보면 교육과 상관없이 질적인 면에서나 능률면에서 하늘과 땅 차이가 난다."

D-26

성공정신

창조정신 도전정신 진보정신 **성공정신** 기업가정신

오늘, 자신이 상상한 것들(바보스럽게 느껴질지라도)을 그림으로 그려보세요.

위의 상황을 육하원칙(누가, 언제, 어디서, 무엇을, 어떻게, 왜)에 따라 기술해보세요.

누가	
언제	
어디서	
무엇을	
어떻게	
왜	

공상을 현실로 그려라

빌 게이츠처럼 공상(꿈)을 현실로 만든 인물 가운데 당신이 알고 있는 사람은 누구누구인가요?

> 고정관념은
> 평상시 유능했던 사람을
> 위기나 난관에 부딪히면
> 형편없이 무능하게
> 만들어 버린다.

D-25

성공정신

창조정신 도전정신 진보정신 **성공정신** 기업가정신

지금 가장 황당한 상상을 한번 해보고, 그것이 자신에게 왜 황당한 상상에 속하는지 이유를 두 가지만 적어보세요.

1.

2.

어린 시절의 상상 중 현실로 나타난 것들(달 여행이나 전기자동차의 등장 등)을 세 가지만 적어보시고, 그 중 가장 놀라운 것과 이유를 함께 적어보세요.

1.

2.

3.

공상을 현실로 그려라

10년 후 사회의 모습을 상상해 보시고, 10년 후 변화된 사회 안에서 어떤 역할을 하고 있을지 함께 상상하여 적어보세요.

> 고정관념의 노예가 되어 있으면 적응력이 뛰어날 수가 없다. 뛰어난 인간은 함정을 슬기롭게 지나간다.

D-24

성공정신

창조정신 도전정신 진보정신 **성공정신** 기업가정신

보통 사람은 하루 세 끼 밥을 먹습니다. 왜 그럴까요?

보통 하루에 몇 번이나 '왜?'라는 생각을 하십니까?

세상에 대해 호기심을 가져라

만약 한 번도 '왜?'를 생각하지 않는다면 의도적으로 하루 세 번 '왜?'라는 생각을 하고, 무엇에 대해 호기심을 느꼈는지 적어보세요.

"
나는 상식과 통념을
무시하고 해냈다.
상식과 통념에 멈칫거릴
생각은 아예 없었을
뿐만 아니라 멈칫거릴
여유도 없었다.
"

D-23

성공정신

창조정신 도전정신 진보정신 **성공정신** 기업가정신

자신의 휴대폰에서 가장 활용 빈도가 떨어지는 기능을 떠올려보고, 개발자가 그 기능을 왜 휴대폰에 넣었을까 생각나는 대로 적어보세요.

기존 휴대용 기기(스마트폰, 타블릿PC, 전자책 리더기)등을 개량해 자신이 만들게 된다면 어떤 형태의 기기를 개발하고 싶은지 적어보세요.

세상에 대해 호기심을 가져라

가장 좋아하는 음식을 적어보고 그 음식이 왜 만들어지게 되었을까에 대한 자신의 견해를 적어보세요.

" 긍정적 사고가 절대적으로 중요하다. 긍정적인 사고를 해야 불행하지 않고 발전할 수 있다. "

D-22

성공정신

창조정신　도전정신　진보정신　**성공정신**　기업가정신

D-22일까지의 질문 중에 가장 가슴에 남는 질문을 다시 한 번 쓰세요.

그동안 성공에 대한 성과가 있었다면 무엇인지 쓰세요.

성공정신을 정리하라

앞으로 20일 동안 노트를 잘 쓰겠다는 각오를 쓰세요.

> 부정적이고 비관적인 사고는 성장과 발전을 가로막는다. 부정적인 사고는 스스로의 문제 해결에 능력을 발휘하는 대신 세상에 대한 불평과 원망, 증오로 시간과 정력을 낭비하기 때문에 좌절과 실패, 절망의 보상을 받게 마련이다.

D-21

성공정신

창조정신 도전정신 진보정신 **성공정신** 기업가정신

어느 날 박정희 대통령이 정주영을 불러서 이야기했다.

"1973년 석유파동으로 지금 중동국가들은 달러를 추체하지 못하고 있습니다. 나는 그 돈으로 여러 가지 사회 인프라를 건설하고 싶은데, 너무 더운 나라라 선뜻 일하러 가려는 나라가 없는 모양이에요. 그쪽에서 우리나라에 일할 의사를 타진해 왔습니다. 관리들을 보냈더니, 2주 만에 돌아와서 하는 얘기가 너무 더워서 낮에는 일을 할 수 없고, 건설공사에 절대적으로 필요한 물이 없어 공사를 할 수 없는 나라라는 겁니다."

"그렇습니까? 오늘 당장 떠나겠습니다."
정주영은 5일 만에 다시 청와대에 들어가 박정희 대통령을 만났다.
"지성이면 감천이라더니 하늘이 우리나라를 돕는 것 같습니다."
박 대통령이 대꾸했다.
"무슨 얘기요?"
"중동은 이 세상에서 건설공사를 하기에 가장 좋은 지역입니다."
"뭐요?"
"1년 열두 달 비가 오지 않으니 1년 내내 공사를 할 수 있고요."
"또?"
"건설에 필요한 모래, 자갈이 현장에 널려 있으니 자재 조달도 쉽고요."

성공정신의 모범답안

"그럼 물은 어떻게 할 거요?
"그거야 어디서 실어오면 됩니다."
"50도나 되는 더위는?"
"천막을 치고 낮에는 자고 밤에 일하면 됩니다."
박 대통령은 회심의 미소를 지으며 비서실장을 불렀다.
"현대건설이 중동에 나가는 데 정부가 지원할 수 있는 것은 모두 도와주라고!"

> 건강한 육체를 가지고 부정적인
> 사고로 일생을 비틀려 사는 것은
> 자기 학대 외에 아무것도 아니다.

기업가정신
Entrepreneurial Spirit

미국의 철강 재벌 앤드류 카네기의 묘비에는 다음과 같은 글귀가 쓰여 있다.
"여기에 자신보다 더 뛰어난 조력자들의 도움을 구하는 방법을 알고 있던 한 남자가 잠들었다."
사람들이 흔히 말하는 리더십이란 우두머리가 되어 대중을 이끄는 자의 능력이라고 생각한다. 하지만 좀 더 주의 깊게 살펴보면, 탁월한 리더십을 가진 자들은 옆자리에 유능한 조력자들을 여럿 두고 있다.
리더란 단순히 사람들을 이끄는 자가 아니라, 내부 조직의 원활한 소통을 중재하는 사람으로서 통솔력은 물론 결단력과 추진력을 갖추고 있어야 한다.

D-20

**: 기업가정신

창조정신 도전정신 진보정신 성공정신 **기업가정신**

현재 당신의 지갑과 주머니에 들어 있는 돈을 동전단위까지 정확하게 적어보세요.

원

물건을 구매하기 전에 일반적으로 몇 번을 생각하나요?

근검절약을 실천하라

오늘 하루의 가계부를 카드 사용과 교통비(자가용은 대략의 기름값)까지 적어보세요.

> 열심히 일하고 착실히 절약하면 게으르고 낭비하는 사람보다 훨씬 잘살 수 있다.

D-19

기업가정신

창조정신 도전정신 진보정신 성공정신 **기업가정신**

한 달 지출의 사용내역을 분류해보고 그 중 가장 허투루 사용되고 있는 부분과 왜 그런지 적어보세요.

___

올 해 모아야겠다고 생각하는 액수는 얼마인가요? 목표액수를 달성하기 위해 가장 줄일 부분은 어떤 것이라고 생각하십니까?(의류비, 외식비, 쇼핑비 등)

___

근검절약을 실천하라

작년 한해를 되돌아봤을 때 가장 돈을 적게 쓴 달과 사용한 최소 금액, 이유를 적어보세요.

> 낭비란 글자 그대로 쓸 데가 아닌 데다 써버리는 것이다. 좋은 낭비는 하나도 없다.

D-18

창조정신　도전정신　진보정신　성공정신　**기업가정신**

기업가정신

'나는 목에 칼이 들어와도 이것만은 지킨다'는 신념을 갖고 있나요? 있다면 무엇인가요?

약속을 위해서 손해를 감수하고 이행한 적이 있나요? 무엇이었나요?

신용이 재산이다

당신의 휴대전화 목록에 몇 명의 사람들이 저장되어 있나요? 그 숫자로 당신의 신용도를 점수 매긴다면 당신은 몇 점인가요?

" 개인으로서 쌓은 신용이 작은 사업을 시작하게 하고 작은 사업으로 다진 신용이 보다 큰 사업으로 발전시켜 나가게 하고 중소기업을 대기업으로, 대기업을 세계적인 기업으로 성장, 발전시켜 주는 것이다. "

점

D-17

기업가정신

창조정신 도전정신 진보정신 성공정신 **기업가정신**

금융기관에서 측정하고 있는 신용등급을 알아본 적이 있나요? 당신에게 매겨지는 신용등급에 대한 생각을 적어보세요.

가장 친한 친구 한 명에게 수치로 환산하여 당신에 대한 신뢰도를 말해달라고 요청해보세요. 친구가 답한 수치 산출의 이유를 나름대로 생각하여 적어보세요.

신용이 재산이다

오늘을 기준으로 하여, 이번 주에 잡힌 약속은 몇 가지입니까? 그 약속을 모두 지킬 수 있을 것 같습니까? 만약 아니라면 그 이유를 같이 적어주세요.

" 나는
장사도 기업도 돈이
있으면 더욱 좋고, 돈이
없어도 신용만 있으면
할 수 있다는 것을
체험으로 안 사람이다. "

D-16

기업가정신

창조정신 도전정신 진보정신 성공정신 **기업가정신**

당신이 내린 잘못된 판단 때문에 당신이 속한 조직이 큰 손해를 입었습니다. 어떤 조치를 취할 것인지 순서대로 쓰시오(단 조직에서 이탈하지 않는 범위에서).

___

___

___

___

___

___

당신은 지금 아침에 조깅을 하고 있습니다. 이 때 생길 수 있는 위기를 4단계로 분류하세요.

① 예측가능/위험도 낮음 ② 예측가능/위험도 높음
② 예측불가/위험도 낮음 ④ 예측불가/위험도 높음

(축: 예측가능도 / 위험도)

장기적인 안목으로 위기를 대처하라

4단계 위기에 대한 대비책을 쓰세요.

1.

2.

3.

4.

"그 사람은 착실하다,
성실하다, 정직하다는
신뢰만 얻으면 그것을
자본으로 자신의 생애를
얼마든지
확대·발전시켜
나갈 수 있다."

D-15

기업가정신

창조정신 도전정신 진보정신 성공정신 **기업가정신**

은퇴 뒤의 경제 문제에 대한 사회적 고민이 커지고 있습니다. 당신의 노후에 닥칠 경제적 위기를 겪지 않기 위한 방안을 생각해 적어보세요.

상사나 웃어른에게 말실수를 했습니다. 그 상황을 어떻게 대처할 것인지 미리 생각해보고 적어보세요.

장기적인 안목으로 위기를 대처하라

지금까지의 삶에 닥쳤던 가장 큰 위기는 무엇인지 떠올려보고, 앞으로 그러한 위기를 또 겪지 않기 위해 지금부터 준비할 수 있는 것을 적어보세요.

" 기업이란 현실이요, 행동함으로써 이루는 것이다. 똑똑하다는 사람들이 모여앉아 머리로 생각만 해서 기업이 클 수는 없다. "

D-14

기업가정신

창조정신 도전정신 진보정신 성공정신 **기업가정신**

당신이 회사에서 혹은 속한 단체에서 솔선수범하는 일이 있다면 무엇인가요?

당신의 회사에서 상사가 말보다 앞서서 솔선수범하는 일이 있다면 무엇인가요?

스스로 솔선수범하라

누군가가 솔선수범하는 모습을 보고 따라하게 된 경우가 있다면 그것은 무엇이었나요?

" 경영자는 국가, 사회로부터 기업을 위탁해서 관리하는 청지기일 뿐이다. "

D-13

기업가정신

창조정신 도전정신 진보정신 성공정신 **기업가정신**

어떤 일을 앞장서서 시작한 적이 있나요? 그렇다면 어떤 일인지 적어보시고, 앞장선 일이 없다면 이유가 무엇인지 생각해서 적어보세요.

부모님의 삶 중 가장 본받고 싶은 일과 자신의 자녀에게 본받게 하고 싶은 자신의 행동을 함께 생각해보세요.

스스로 솔선수범하라

하루 일과 안에서 솔선수범하여 당신이 할 수 있는 작은 행동을 떠올려보고 실천한 다음 그 생각을 적어보세요.

> 같은 직장에서 누가 '누구를 키웠다'는 말을 나는 싫어한다.

D-12

기업가정신

창조정신 도전정신 진보정신 성공정신 **기업가정신**

당신이 속한 조직에서 누구의 지시를 가장 많이 듣는지와 이유를 쓰세요.

당신이 속한 조직에서 누구의 말을 가장 안 듣거나, 무시하는지와 이유를 쓰세요.

조직의 정체성을 만들어라

당신이 속한 조직의 특성을 한 문장으로 정리하세요.

" 일을 하기 위해서 상하의 질서가 있는 것이지 관념상으로, 인격적으로 서열이 필요해서 아래위가 있는 것이 아니다. 다 같이 평등의식을 가져야 한다. 직책이 높다고 거드름을 피울 것도 낮다고 위축될 것도 없다. "

D-11

기업가정신

창조정신 도전정신 진보정신 성공정신 **기업가정신**

자신이 속한 조직에서 가장 개선해야 할 점은 무엇인지 적어보세요.

자신은 속한 조직의 특성과 닮은 사람입니까, 그렇지 않습니까? Yes, No로 답하고 닮은점, 혹은 다른 점을 쓰세요.

조직의 정체성을 만들어라

만약 새로운 조직체를 꾸리게 된다면 가장 중요하게 여기고 싶은 가치와 그 이유는 무엇인지 답해보세요.

" 기업의 이익이 국가의 이익에 우선한다거나 정신적 가치보다 물질적 만족이 우선한다는 생각으로 기업을 운영하는 사람은 대성할 수 없다. "

D-10

기업가정신

창조정신 도전정신 진보정신 성공정신 **기업가정신**

남들과 다른 자신의 개성 세 가지를 쓰세요.

1.

2.

3.

자신의 단점 다섯 가지를 쓰에요.

1.

2.

3.

4.

5.

다양성을 이해하라

개성과 단점 중에서 겹치는 부분이 있는지 찾아보고, 겹치는 부분을 어떻게 해야 할지 쓰세요.

" 위대한 사회는
평등의식 속에 세워진다. "

D-9

기업가정신

창조정신 도전정신 진보정신 성공정신 **기업가정신**

오픈마인드에 대한 자신의 생각을 쓰고, 자신의 마인드가 얼마나 열려 있는지 퍼센티지(%)로 환산해 적어보세요.

_____
_____
_____
_____
_____
_____%_____

한국 사회에는 제3세계에서 온 노동자들이 많이 일하고 있습니다. 그들을 바라보는 당신의 시선은 어떻습니까?

_____
_____
_____
_____
_____
_____
_____
_____

다양성을 이해하라

만약 당신이 외국인의 귀화시험 출제자가 된다면, 한국인이 되고 싶은 외국인에게 가장 물어보고 싶은 질문은 무엇입니까?

" 기업은
기업인의 창의에 의해서
성장하는 것이지
권력에 의해 성장하는
것이 아니다. "

D-8

· 기업가정신

창조정신 도전정신 진보정신 성공정신 **기업가정신**

나라를 위해 일하는 사람의 기준을 세 가지만 쓰세요.

1.

2.

3.

위의 기준을 자신과 비교했을 때 몇 점에 해당하는지 쓰세요.

점

나라를 위해 기여하라

앞의 점수를 단 1점 올리기 위해 무엇을 해야 할지 쓰세요.

" 나의 관심사는
이 나라를 보다 균형
있게 발전시켜 보다
충실하고 질 높은
번영으로 이끌어
영광스러운 국가,
자랑스러운 민족으로
만드는 것에 내가
어떻게 기여해야
하는가에 있다. "

D-7

기업가정신

창조정신 도전정신 진보정신 성공정신 **기업가정신**

국가로부터 받은 것(복지, 교육혜택, 건강보험 등)과 국가에 준 것(세금이나 병역의 의무 등)을 비교해봤을 때 어느 쪽이 더 강하다고 생각하는지 부등호로 표시해 보고 그 이유를 쓰세요.

국가로부터 받은 것 (   ) 국가에 준 것

___

나라를 위해 자신을 희생한 위인 중 생각나는 위인을 세 명만 적어보고, 그 중 가장 본받고 싶은 위인과 그 이유를 적어보세요.

1.

2.

3.

나라를 위해 기여하라

지금 나랏일을 하게 된다면, 자신이 가진 능력 중 어떤 능력이 가장 도움이 될 거라고 생각하는지 쓰세요.

" 사회 각 분야에서 열심히 훌륭하게 자기 일을 하는 사람들에게 솔직하게 존경과 찬사를 보낼 수 있는 나라가 제대로 발전한다. "

D-6

기업가정신

창조정신　도전정신　진보정신　성공정신　**기업가정신**

오늘 하루 동안 당신의 '시간 도둑'은 무엇인지 나열해 보세요.

1.
2.
3.
☐
☐
☐

당신에게 무한의 시간이 있다면 무엇을 할지 한 가지만 적어보세요.

시간을 돈처럼 생각하라

'오늘 나의 불행은 언젠가 잘못 보낸 시간의 보복'이라는 나폴레옹의 명언처럼 시간의 소중함에 관련된 명언을 한 가지만 적어보세요.

" 시간은 돈이라고들 하나 난 생명이라고 하고 싶다. "

D-5

기업가정신

창조정신 도전정신 진보정신 성공정신 **기업가정신**

월급이나 수입을 떠나, 당신의 한 시간을 돈으로 환산한다면 어느 정도의 가치가 있다고 생각하십니까?

하루 중 어느 때의 시간을 가장 알차게 사용하고 있으며, 그 이유는 무엇입니까?

시간을 돈처럼 생각하라

만약 '한 달이라는 시간'을 누군가가 사겠다고 하면 얼마에 팔겠으며, 그 금액을 측정한 이유는 무엇인지 적어보세요. 만약 팔지 않겠다면 그 이유를 쓰세요.

> 직장이란 봉급보다는 서로의 향상을 도모하는 곳이다.

D-4

> 기업가정신

창조정신 도전정신 진보정신 성공정신 **기업가정신**

당신이 생각하기에 한 회사를 살리는 데 주요한 사람들은 직원인가요, 고객인가요? 왜 그렇게 생각하나요?

10년 전과 지금을 비교하여 전혀 변하지 않은 직업이 있다면 그 이유가 무엇일지 써보세요.

환경 변화에 대처하라

자신이 하는 일은 10년 전과 비교하여 무엇이 변했는지 써보세요.

> "무리한 결정이라 할지라도 성공률에 대한 확신이 있으면 결정에 주저하지 말아야 한다."

D-3

> 기업가정신

창조정신 도전정신 진보정신 성공정신 **기업가정신**

자신이 하는 일이 10년 후에 어떤 모습이 되어 있을지 생각해보고, 그렇게 생각한 이유를 쓰세요.

지구상에 나무가 모두 사라져 종이를 만들 수 없습니다. 그럴 경우 인류는 어떻게 대처해야 할지 적어보세요.

환경 변화에 대처하라

세상에 컴퓨터가 없어졌습니다. 그 환경에 어떻게 대처할 것인지 가정과 직장을 구분해서 정리해보세요.

"우리는 거시적으로 볼 때 결국 반드시 가야 할 길을 상대적으로 빨리 달렸다 뿐이지 가지 않았어야 하는 길, 가서는 안 되는 길로 달렸던 것은 아니다."

D-2

▪ 기업가정신

창조정신 도전정신 진보정신 성공정신 **기업가정신**

이 책을 선택한 당신은 무엇 때문에 살고 있나요?

당신이 마지막 순간까지 놓고 싶지 않은 것이 있다면 무엇인가요? 왜 그런가요?

모험이 성공을 가져온다

당신은 '그것은 내 인생의 커다란 모험이었다!'라고 기억에 남을 만한 일이 있나요? 있다면 한 가지만 적어보세요.

> 참다운 지식은 부딪쳐 체험으로 얻는 것이며 그래야만 가치를 제대로 아는 것이다.

D-1

기업가정신

창조정신 도전정신 진보정신 성공정신 **기업가정신**

정주영의 다양성이 인재관에서만 빛을 발했던 것은 아니다. 정주영이 높은 입찰가격을 썼음에도 불구하고, 사우디아라비아의 알코타 제1지역과 제다지역, 리야드의 공중주택단지까지 수주하는 성과를 올리게 된 것은 평소 다양성을 중시했던 정주영의 사상 덕분이었다고 해도 과언이 아니다.

공사를 따내기 위해 사우디아라비아를 방문한 정주영에게 파이잘 국왕이 물었다.

"당신의 종교는 무엇입니까?"

"특별히 종교는 없습니다."

"당신이 공항에서 왕실로 오는 길에 아랍 사람들과 함께 싸라시간에 메카궁을 향해 절을 했다고 하는데 그것은 무슨 뜻이오?"

기업가정신의 모범답안

"신의 이름이 다르고 믿는 방법이 다를 뿐, 아랍인이 믿는 알라신이나 제가 믿는 신이나 똑같다고 생각합니다. 그러니 남들이 자기 신에게 경배를 하고 있는데 가만히 보고만 있는 것은 예의가 아니라고 생각합니다."

왕실 사람들은 모두 정주영의 말에 감동했고, 12억 달러에 달하는 큰 공사를 그에게 내주었다.

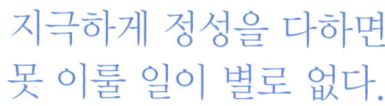

지극하게 정성을 다하면
못 이룰 일이 별로 없다.

D-DAY

리더십

창조정신 도전정신 진보정신 성공정신 기업가정신

노트를 처음부터 살펴보고 지금 답이 바뀐 것이 있다면 몇 개인지 적어보세요.

당신을 변화시킨 질문을 다시 한 번 적어보세요.

변화된 당신을 느껴라

새로운 각오가 생겼다면, 한 문장으로 정리해 보세요.

> 담담한 마음을 가집시다.
> 담담한 마음은
> 당신을 굳세고 바르고
> 총명하게 만들 것입니다.

이 노트는 미래의 리더,

_____의 것입니다.

전화번호: _____
휴대전화: _____
이 메 일: _____
주　　소: _____